ISBN: 9783751981057

Herstellung und Verlag:

BoD - Books on Demand

Norderstedt, Germany

© 2020 bei Manuela Keilholz

Das letzte Foto vor seinem Tod.

[3]

Seelenwärmer

Mario, geliebt und unvergessen

Zweites Buch meiner Buchreihe

„Seelenwärmer"

Widmung

Dieses Buch widme ich meinem kleinen Bruder Mario. Er wurde 4 Jahre nach mir geboren und war weit mehr als nur mein leiblicher Bruder, sondern der einzige Bruder, der immer einen Platz für seine große Schwester tief in seinem Herzen hatte.

Ich möchte mich an die gemeinsamen Stunden und Erlebnisse in unserem viel zu kurzem gemeinsamen Leben erinnern und so auch meine Trauerarbeit um seinen Tod ein Stück mehr ins Positive rücken.

Deinen Spruch, den du mir in mein Poesiealbum geschrieben hast, habe ich immer in meinem Herzen bewahrt:

„Ich bin klein mein Herz ist rein, soll niemand drin wohnen als Ela allein"

„Mario, du warst und bist mein geliebtes Brüderchen, du warst mein Trost, meine Freude und als auch du endlich Schulkind wurdest, verband uns nicht nur ein gemeinsames Zimmer, sondern auch ein enges Band der Verbundenheit, die aus unser beider Erlebnissen im Wochenheim gewachsen ist.

Wenn du bei mir warst, war es nicht mehr so dunkel und die sonst gefühlte eisige Kälte und Einsamkeit in meiner Seele fülltest du mit deinem Dasein. Du hast einen festen Platz in meinem Herzen und bleibst für mich unvergessen. Irgendwann werden wir uns beide wiedersehen. Daran halte ich fest".

Inhaltsverzeichnis

Warum diese Buchreihe?   007
Mario wird geboren   016
Badetag im Wochenheim   019
Mario im Gipsbett   021
Mario und ich am Meer   023
Der Lottogewinn   036
Ford Taunus erstes Familienauto   041
Singsang im Auto   043
Wolkenwunder entdecken   045
Die gefräßigen Hühner   053
Ich, sein größter Fan   056
Vom Freischwimmer zum Goldsammler 058
Bodyguard Ela   064
Volkspark Friedrichshain   066
Winter im Volkspark   071
Die Todesbahn   072
Geschwisterdasein endet unerwartet 074
Mario, wo bist du?   077
Brief an Mario   080
Bildteil   088
Meine bisherigen Bücher   092
Mehr über mich   095
Danke   096

Warum diese Buchreihe?

2013 begann ich an meiner Autobiografie zu arbeiten und nutzte dazu meine akkurat geführten Therapietagebücher aus den Jahren 2012 bis 2014. Mit tatkräftiger Unterstützung meines heutigen Lebenspartners Gerd Keil, veröffentlichte ich 2015 meine Autobiografie: „Warum war ich so blind – Rückblick in eine Diktatur und Neuorientierung in die Freiheit". Es folgten weitere Überarbeitungen nach meiner Selbstreflektion, in denen mir bewusst wurde, warum ich so blind und nicht im Stande war, irgendetwas an meinem Leben in Frage zu stellen. So veränderte ich noch zwei Mal die Titel dieser Autobiografie in „Die Reflektion meines (Er)Lebens als Chance für meine Neuorientierung".

Die aktuelle Version aus 2018 trägt nun den Titel „Die DDR, meine Familie und ich – meine Sichtweisen damals und jetzt". Darin versuche ich meinen Leser*innen deutlich zu machen, dass vieles in mir immer noch in ständiger Bewegung ist und ich großen Wert darauf lege, dass es dabei um meine Sichtweisen geht, die sich dank meiner Partnerschaft mit Gerd und meiner Leser- und Zuhörerschaft und meinen Lesereisen immer wieder auch verändern.

Als ich mein ganzes Leben nach einem Zusammenbruch und nach meinem Ausstieg aus meinem Berufsleben im Alter von 50+ zu reflektieren begann, weckte ich viele Kindheitserinnerungen, die ich als Kind damals als normal empfunden hatte. Wie ein Hammerschlag kehrte nun so vieles, was damals nur unbewusst wahrgenommen wurde, in mein Bewusstsein zurück.

Vieles von dem war für mich heute als erwachsene Frau nur rational begreifbar. Ich bemerkte, dass die vielen Emotionen, die nun an die Oberfläche traten, für mich nicht auszuhalten waren. Gefühle, die ich nie haben durfte, sprudelten nun ungebremst aus mir heraus und wollten gelebt werden.

Bisher drückte ich solche Emotionen schnell wieder weg und versuchte Gefühle zu verdrängen, um nur keine Träne weinen zu müssen. Ich wollte damit niemandem zur Last fallen.

Während dieser Zeit geriet ich in eine schwere Lebenskrise, die keinen meiner Lebensbereiche ausließ. Nach vier Jahren gelang es mir, mein eigenes ICH zu finden und gewann mehr und mehr an innerer Stärke.

2015 spiegelte sich dies auch in meinem Neuanfang in Niedersachsen wider. Ich lernte in einem völlig neuen, mir fremden Umfeld Menschen kennen, die mir zuhörten und bereit waren, mich zu unterstützen. Viele von ihnen sind für mich heute wichtige und ganz besondere Freunde. Durch sie lernte ich erstmals, was Freundschaft überhaupt ist und was sie ausmacht.

In meiner Kindheit und Jugend hatte ich nie eine Freundin und wer meine Autobiografie bereits kennt oder mich auf Lesungen kennengelernt hat, der weiß, wie einsam Kinder unter Kinder sein können, wenn sie Ausgrenzung oder Abgrenzung kennengelernt haben. Als Kind fühlte ich nicht nur diese anhaltende Einsamkeit, sie war ein fest geprägter Teil meines Daseins und zog sich bis ins Erwachsenalter und die Partnerschaften hinein.

Es fiel mir schwer, die guten Erinnerungen aus meiner Kindheit, meiner Familie und meinem späteren Erleben als Erwachsene nachzuspüren. Dass mich die negativen Erinnerungen so stark prägten und ich nur daran meine Glaubensätze und mein eigenes Lebenscript ausgerichtet hatte, wollte ich so nicht wahrhaben. Ohne mit geöffneten Augen mein Leben nochmal angeschaut zu haben, würde ich heute noch sagen: Ich hatte eine ganz normale Kindheit und ein Zuhause, in dem ich mich sicher fühlte.

Und heute?

Meine Kindheit gehört zu mir und bei allem Übel, was mit mir und um mich herum geschehen ist, hat sie mich dennoch heute zu der Frau gemacht, die ich heute geworden bin. Eine Frau, die ich heute auch sein darf.

Ich möchte Ihnen liebe Leser*innen und Zuhörer*innen mit meiner Buchreihe die Möglichkeit geben, sich in einzelne Teilbereiche meines Lebens ein Stückchen tiefer einzulesen und eventuell aufkommenden Fragen nachzuspüren, die sich für Sie aus meiner Autobiografie ergeben haben könnten.

Sie sind mir wichtig und deshalb möchte ich Sie alle an meinem Entwicklungsprozess teilhaben lassen, in dem ich mit einer kleinen Buchreihe einige Lebensabschnitts-Vergrößerungen meiner Autobiografie vornehme.

So wende ich mich in meinen jetzigen Erzählungen, vorrangig meinen positiven Erinnerungen zu.

Diese Erzählungen sollen nach der schweren Kost, die ich meinen Leser*innen und vor allem meinen Zuhörer*innen mit meiner Autobiografie zugemutet habe, nun mit dieser kleine Buchreihe an meine Seelenwärmer teilhaben lassen.

Die Zuhörer*innen meiner Lesungen und Zeitzeugenauftritten an Orten in Ost und West haben mich auf meinem schweren Weg der Erkenntnis und Erleuchtung begleitet und gestärkt. Durch sie alle kann ich heute aufrecht auf meine Vergangenheit zurückblicken und diese als unumkehrbar akzeptieren.

Nicht mehr mit Wehmut auf Vergangenes zu blicken, sondern meinen Weg mit Gott in Demut gehen und unendliche Freude erlebbar werden lassen. Das beschreibt für mich am besten, wie viel Bewegung in mir steckt.

An dieser Stelle möchte ich Gerd Keil, meinem Wegbereiter, heutigen Lebenspartner oder nur „ein von Gott gesandter Engel" ganz herzlich danken. Er hat mir mit der Hilfe Gottes meine Blindheit genommen und mich sehend gemacht.

Viele Freunde, die ich nur durch ihn kennengelernt habe, begleiten mich noch immer und weichen mir nicht von meiner Seite. Sie stärken mich, geben mir Selbstvertrauen und nehmen mich so wie ich bin. Durch sie alle kam ich in einem neuen Land sehr schnell zur Ruhe und fand hier meinen inneren Frieden und zurück in die Natur, die ich heute dankbar als Gottes Geschenk wahrnehmen kann.

Durch den nahen Kontakt zu meinen Leser*innen und Zuhörer*innen habe ich viel dazugelernt und andere neue Blickwinkel erfahren, die mich immer wieder zum Nach- und Neudenken anregen. Sie ersetzen mir mehr und mehr die Arbeit mit Therapeuten und geben mir unsagbar viel Selbstvertrauen, dass auch ein wenig Stolz in mir aufkommen lässt. Erst jetzt nach so vielen schweren Jahren harter Arbeit mit Therapeuten, Freunden und meinem Gerd, der mir immer zur Seite steht, gelingt mir nun auch ein emotionales Verarbeiten meiner Vergangenheit.

Eigentlich hätte dieses Buch rein zeitlich gesehen, das erste Buch meiner Reihe Seelenwärmer werden müssen. Aber ich wollte erst einmal ein Weg in ein neues Schreiben finden. Es sollte sich diesmal leicht anfühlen und mir mein Herz erwärmen. Ich wollte Lust am Erinnern und nur Freude während des Schreibens erleben. So entschied ich mich diese Buchreihe mit dem Buch „Ferienzeit, schönste Zeit" über zwei Menschen zu beginnen, die mir bis heute fast so wichtig waren wie Mario.

Das erste Buch „Ferienzeit, schönste Zeit" meiner Buchreihe erschien zwei Jahre nach der letzten Veröffentlichung meiner Autobiografie „Die DDR, meine Familie und ich..." kurz vor meinem 60 Geburtstag. Es beschreibt meine Ferienzeit in Oberseifersdorf.

Dieses zweite Buch meiner Buchreihe soll nun viele meiner Erinnerungen an meinem geliebten Bruder Mario für immer in mein Bewusstsein festgehalten werden.

Wenn es mir zuvor gelungen ist, all die dunkelsten Kindheitserfahrungen, die ich viele Jahre im Unterbewusstsein verdrängt und weggesperrt hatte, wieder wachzurufen, warum sollte es mir nun, wo es mir besser geht, erst recht nicht mit den wundervollen Erlebnissen mit Mario gelingen?

Unser gemeinsames Geschwisterleben war viel zu kurz und oft dachte ich an ihn, als ich meine schwere Zeit der Selbstreflektion durchschreiten musste und niemanden an meiner Seite hatte, mit dem ich mich hätte über Erlebnisse und Gefühle austauschen können.

Im Alter von 16 Jahren wurde mir Mario durch die Unachtsamkeit eines Lkw-Fahrers regelrecht aus meinem Leben gerissen. All die vielen Jahre seit seinem tödlichen Verkehrsunfall musste ich meine Tränen verstecken, konnte nicht trauern und musste stark sein. Schließlich hatten meine Eltern ihren jüngsten Sohn verloren. Ich tröstete sie und glaubte nun, für ihre Trauer meine Tränen aufhalten zu müssen. Weder meine Mutter noch mein Vater fanden Worte des Trostes für mich, ganz zu schweigen von meinen Halbbrüdern, denen der Tod von Mario scheinbar ebenso wenig ausgemacht hätte, als wenn ich gestorben wäre. So verschloss ich auch diese Trauer ins Unterbewusstsein und konnte sie viele Jahrzehnte nicht zulassen. Auch deshalb tat ich mich schwer daran, über Mario ein Buch zu schreiben.

Mit dem Tod und seinem Verlust umzugehen, lernte ich erst vor wenigen Jahren durch Gerd. Ich erlebte ihn in seiner Trauer um Heike, seiner Jugendliebe, die viel zu früh an Leukämie in seinen Armen gestorben war, und wagte mich nach und nach mit ihm an meine eigenen Verlustschmerzen heran.

Doch nun bin ich auch damit ein ganzes Stück vorwärts gekommen. Auch Dank meiner Ausbildungen für verschiedene ehrenamtliche Tätigkeiten im seelsorgerischen Bereich habe ich viel über mich selbst und der eigenen

Gefühlswelt gelernt und begriffen, dass das Leben auch immer irgendwann ein Ende hat und wir es selbst nicht in der Hand haben, wann unser Leben zu Ende geht.

In diesem Sinne möchte ich vor allem Freude beim Schreiben dieses Buches erleben und die vielen schönen Erlebnisse mit Mario festgeschrieben wissen, damit sie niemals vergessen werden können.

Mario wird geboren

So sehr ich mich auch anzustrengen versuchte, ich fand keinerlei Erinnerungen an das bevorstehende Ereignis der Geburt meines Brüderchens. Und dennoch wurde er am 3. März 1964 geboren, als ich schon über 2 Jahre das Kinderwochenheim die ganze Arbeitswoche meiner Eltern besuchte, ohne von seinem Dasein zu erfahren.

Vielleicht wusste ich es doch, dass ich neben meinen zwei älteren Halbbrüdern, die einen anderen Vater hatten als ich, nun auch einen jüngeren leiblichen Bruder hatte.

Doch fehlen mir Erinnerungen an eine wahrgenommene Vorfreude auf mein Brüderchen, es fehlen die Erinnerungen an eine glückliche schwangere Mutter und an eine Freude über die Ankunft eines neuen Mitgliedes in unserer Familie.

Stattdessen lebte ich in meinem Traum vom großen Bruder, der mich später, wenn ich in die Schule komme, vor Gefahren beschützen würde. Es blieb aber leider nur *mein* Traum mit einer sehr realen großen Verletztheit meiner Kinderseele übrig, die erst in meinem späteren Leben als Erwachsene sehr viel klarer ins Bewusstsein rückte.

Als 4. Kind meiner Mutter wurde Mario geboren und mit etwa 6 Monaten auch zur

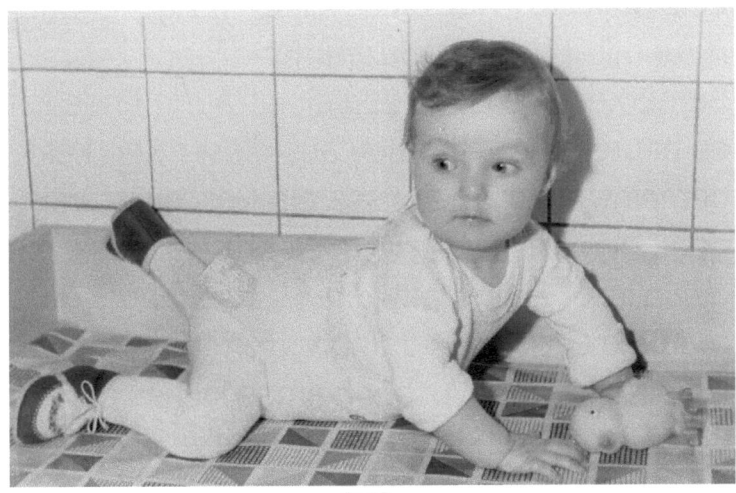

[17]

wöchentlichen Betreuung in dasselbe Wochenheim gegeben, wie ich.

An dieser Stelle sei erwähnt, dass auch Säuglinge schon ab der 6. Lebenswoche und Kleinstkinder bis zu 3 Jahren in den Bereich der Wochenkrippe gegeben wurden. Nach dem dritten Geburtstag zählte man zu den älteren Kindern, die bis zum Schuleintritt in die oberste Etage des Kinderwochenheimes ihr Kinderdasein weiterhin fortführen mussten, ohne bisher das Leben in der eigenen Familie kennengelernt zu haben.

So begegneten Mario und ich uns altersbedingt nur für sehr kurze Zeit als er mit 3 Jahren in unserer Etage wechselte. Aus dieser Zeit habe ich nur diese eine einzige Erinnerung mit ihm im Badezimmer.

Bemerkenswert und zugleich traurig finde ich es heute, dass ich auch aus dieser Zeit keine gemeinsamen Erlebnisse als Geschwisterkinder erinnern kann. War dies etwa auch ein gewolltes Ziel staatlicher Erziehung, dass man die Geschwister lieber trennte, als ihnen für die Zeit des Wochenheimbesuches ein Zugehörigkeitsgefühl zu einer Familie zu geben?

Badetag im Wochenheim

In der oberen Etage des Wochenheimes gab es einen Raum, in dem eine Badewanne und am Ende der Wanne ein einziger Stuhl stand. Hier wurden die älteren Kinder, die nicht mehr zu den Krippenkindern zählten, einmal in der Woche gebadet. Einen Tag wurden Mario und ich in dieses Badezimmer gesteckt. Dann sagte die Erzieherin mit etwas strengem Ton: „Zieht euch aus, die Sachen auf den Stuhl und beide in die Wanne. Gründlich mit Seife waschen und das Ganze ein bisschen zügig." Mario schien dies nicht zu gefallen und protestierte sofort: „Ich bade doch nicht mit einem Mädchen." Mario sagte dies so, als würden wir uns gar nicht kennen. Genau genommen, war es sehr wahrscheinlich auch so.

Die Erzieherin erwiderte nur kurz und sehr bestimmend: „Hier wird nicht diskutiert. Ihr badet zusammen."

Was ich bei seinen Worten dachte, weiß ich nicht wirklich, aber die Weigerung ging nur von ihm aus. Die Erzieherin kam kurze Zeit später in den Baderaum, um zu sehen, ob wir bereits in der Wanne saßen und sah, dass wir beide noch etwas ratlos herumstanden. Sie war sehr verärgert und sprach mit etwas lauterer Stimme: „Jetzt aber Beeilung, keine Widerrede ausgezogen und ab in die Wanne. Habt euch nicht so, ihr seid doch Geschwister." Als sie erneut ging, kletterte Mario am Ende der Wanne auf den Stuhl und pullerte in die Wanne. Dann stieg er siegessicher in die Wanne und ich wollte nun nicht mehr in diese Badewanne steigen. Ich war doch schließlich ein Mädchen und es war zu eklig.

Als die Erzieherin zurück kam, schnappte sie mich an meinen Armen, ehe ich imstande war, ihr von dem Vorfall erzählen zu können und setzte mich in ihrer Verärgerung, sehr unsanft zu Mario in die Wanne. Ich begann zu heulen, weil mir nicht nur der Po weh tat, sondern weil ich mich mit diesem verschmutzten Wasser waschen sollte.

Damals war ich richtig sauer auf Mario, aber wenn ich mir vorstelle, dass wir ja noch keine Gelegenheit hatten uns gegenseitig als Bruder und Schwester kennenzulernen, kann ich Marios Verhalten gut verstehen. Wir waren uns zu dieser Zeit vermutlich auch noch fremd.

Mario im Gipsbett

Als Mario etwa 3 Jahre alt war, zog er sich im Wochenheim einen Oberschenkelhalsbruch zu und lag noch einige Zeit zu Hause krank in einem Gipsbett. Er tat mir sehr leid, denn er konnte sich nicht einmal selbst umdrehen, weil dieser Gips sehr schwer war. Sein ganzes Bein und sein Gesäß waren bis zum Bauchnabel eingegipst. Sein Po und Genitalien waren mit einem Ausschnitt freigelegt worden.

Wenn ich zu Hause war, durfte ich ihn mit Trinken und Essen am Bett versorgen, was ich sehr gern tat. Er war mein jüngerer Bruder, zu dem ich wegen seiner besonderen Pflegebedürftigkeit nun eine Beziehung aufbauen konnte, als es mir in der Wochenheimzeit, die für mich nur noch wenige Wochen andauern würde, möglich war.

Ich umsorgte ihn und schaute mit ihm viele Bilderbücher an und wenn wir beide unter uns waren, sang ich ihm auch Lieder vor.

Dazu setzte ich mich sehr vorsichtig auf seine Bettkante und streichelte ihn auch immer wieder durchs Haar. Oft weinte er leise vor sich hin und beklagte den Juckreiz an seinem Bein. Wenn das Wochenende vorbei war, musste ich ihn Woche um Woche immer wieder allein lassen, weil ich dennoch ins Wochenheim gehen musste, obwohl meine Mutter wegen Marios Pflegebedürftigkeit zu Hause bleiben musste. Dabei wäre ich viel lieber bei ihm geblieben und hätte meine Mutter unterstützen können. Somit sahen wir uns auch im Wochenheim nicht mehr, denn als er gesund für das Wochenheim war, ging ich bereits in die Schule.

Als ich meine Mutter fragte, wie lange Mario in diesem Gipsbett lag, meinte sie es seien so etwa 10 Wochen gewesen. Danach musste er erneut laufen lernen und seine Muskulatur musste aufgebaut werden. Sehr schnell ging meine Mutter wieder arbeiten und Mario blieb allein im Wochenheim zurück, was mich traurig stimmte.

Kaum hatten wir uns annähern können, schon wurde ich Schulkind, worüber ich mich natürlich freute, weil ich nun nicht mehr in dieses Wochenheim musste. So trennten sich für uns die Wege wieder und gelegentlich hatten wir nur die gemeinsame Zeit der viel zu kurzen Wochenenden.

Mario und ich am Meer

Etwa im März 1970, Mario war gerade 6 Jahre alt und seine Wochen im Wochenheim sind zählbar geworden, als unsere Mutter eine freudige Nachricht überbrachte. Sie bekam von ihrer Dienststelle die Zusage einer Ferienreise für 4 Personen an die Ostsee. Die Freude war riesengroß als meine Mutter uns beiden verkündete: „Wir haben eine Urlaubsreise an die Ostsee bekommen. Sie ist nur für 4 Personen und ihr beide dürft mitkommen. Peter und Paul wollen sowieso lieber ins Ferienlager nach Kuhlmühle fahren."
Wir beide schauten uns freudig an und Mario fragte noch: „Ostsee, wo ist das denn? Kann man in dem See auch baden?" Sie erzählte uns in ihrer eigenen Freude, ich habe sie sehr selten freudig erlebt, dass die Ostsee ein großes Gewässer mit salzigen Wasser sei und ein

richtiges Meer ist und wir bei großen Wellen auch baden könnten.

Davon hatten wir beide noch nie etwas gehört und ich erzählte in meiner Klasse freudig: „Unsere Mutter hat eine Urlausreise an die Ostsee nach Sellin auf Rügen bekommen und ich darf mit meinem Bruder mitfahren." Ungläubig und teilweise auch missmutig wurde ich beäugt. Niemand schien sich mit mir darüber zu freuen.

Wieso teilten die anderen Kinder meine Freude nicht, dachte ich mir beiläufig und verwarf diese negative Gefühl gleich wieder. Dafür war meine Freude über einen ersten gemeinsamen Urlaub mit Mario viel zu groß.

Die Reise mit dem Zug nach Sellin auf die Insel Rügen stand unmittelbar bevor. Mario und ich waren schon Wochen zuvor aufgeregt und überlegten, was wir wohl an diesem Meer brauchen würden. Als es ans Kofferpacken ging, stand unsere Mutter dabei und prüfte, was wir wirklich brauchen würden. So räumte sie einiges von dem, was Mario und ich schon zusammengetragen hatten, wieder zurück in den Schrank. Wir hatten wohl zu viel Spiele und Bücher zusammengetragen, die nicht in die zwei Familienkoffer passten. Damals hatten die Koffer keine Räder und so mussten die schweren Koffer von unseren Eltern zu den Zügen getragen werden.

Als wir endlich im Ferienheim der Deutschen Volkspolizei in Sellin angekommen waren, staunten wir über das unendliche Wasser, den weichen Sandstrand und die vielen Möwen, die wir durch unser Zimmer mit Seeblick sehen konnten. Nach dem Einchecken wollten Mario und ich sofort ans Wasser und so drängelten wir beide unsere Eltern: „Oh seht mal welch schöner Sand das ist und wie viele Menschen am und im Meer sind. Wir wollen auch ans Wasser." Unser Wunsch traf mal auf offene Ohren, denn auch sie konnten ihrem Wunsch nicht widerstehen. „Dann packt eure Badesachen ein und lasst uns losgehen. Abendbrot gibt es auch bald, da müssen wir wieder pünktlich zurück sein." Dies war doch mal eine klare Ansage, der wir mit Freude nachgekommen sind. Auf dem Weg nach unten begegneten uns viele Menschen mit ihren Koffern und meine Mutter beäugte sie alle und schien dabei angespannt zu sein. Am Strand angekommen, suchten wir erst mal den Strandkorb, der während des gesamten Urlaubes uns gehören sollte. Jedes Hotelzimmer hatte einen eigenen Strandkorb, der mit einem Vorhängeschloss versehen war.

Nun endlich packten wir unsere Rucksäcke mit den Büchern, einer Sonnencreme, die uns unsere Mutter noch zusteckte und etwas zu trinken aus. Als wir alles auf dem Strandkorb ausgebreitet hatten, wollten wir endlich ins Wasser. Da kam die ernste Aufforderung, wir sollen erst mal Ordnung schaffen und den Strandkorb leer räumen, denn in diesem wollte sich unsere Mutter sonnen. Als wir uns dann im kühlen Nass des Meeres erfrischten und ein Stück weit raus gelaufen sind, wollte ich mich frisch machen und wischte mir mit dem Wasser mein Gesicht. Dabei bemerkte ich, wie salzig dieses Wasser wirklich war und sagte: „Das Wasser schmeckt fürchterlich und ist ja richtig versalzen." Meine Mutter lachte über mich, was mich verunsicherte. Aber das Salz konnte uns nicht davon abhalten, ins kühle Nass zu rennen und mit den Wellen zu spielen.

Mario und ich durften den ganzen Tag lang Sandburgen bauen oder im und am Wasser spielen, während unsere Eltern mit dem Sonnenbaden und mein Vater sogar mit Strand-Volleyball beschäftigt waren. Es war cool, so ganz ohne Reglementierungen der Eltern sich frei bewegen und spielen zu dürfen. Doch die Zeit war viel zu schnell vergangen und die Abendbrotzeit rückte näher.

Wir wurden zurückgerufen, mussten alles was wir mitgenommen hatten, wieder in unsere Rucksäcke tun und wurden von unserer Mutter in einem nicht mehr so freundlich gestimmten Ton zurechtgewiesen: „Seht auf eure Füße, so können wir nicht zum Essen gehen. Ab nochmal zum Wasser und nehmt ein Handtuch mit. Eure Füße sind doch noch sandig."

So taten wir wie uns geheißen und machten unsere Füße, die noch voller Sand waren, sauber und stiegen in unsere Sandaletten. Wir stampften beschwerlich durch den warmen weichen Ostseesand und als wir bei

unserer Mutter angekommen waren, mus-

terte sie unsere Füße mit ihrem gewohnt strengen Blick. Sie verzog ihr Gesicht, aber sagte nichts mehr, obwohl unsere Füße letztlich genauso aussahen wie vorher. Als wir unsere Bälle schon in der Hand hielten und loslaufen wollten, kam ein lautes Halt von ihr. „Zeigt mal eure Gesichter" meinte sie und holte ihren Kamm heraus und kämmte unsere Haare erneut. Es entsprach offensichtlich noch nicht der Ordnung, die für ein gemeinsames Essen mit den Kollegen meiner Mutter im Heim der Deutschen Volkspolizei entsprach und für uns eine immer wiederkehrende Pflichtprozedur war, die wir geduldig über uns ergehen lassen mussten. Aber auch das war noch nicht das Ende ihrer Gesichtskontrolle.

Sie nahm zu guter Letzt ihr Taschentuch aus ihrem Beutel spuckte zweimal auf das

Taschentuch und fuchtelte damit in unseren Gesichtern herum.

Auch diese Prozedur waren wir schon gewohnt und es hatte auch keinen Zweck, Widerstand zu leisten. Schließlich könnten unsere schmutzigen Gesichter die Kollegen unserer Mutter sehen und welchen Ruf würden dann wohl diese Kinder auf die Familie hinterlassen? Das war immer ihre einzige Sorge, die wir schon von zu Hause kannten.

Als wir nach einem beschwerlichen steilen Weg zwischen den Dünen zum Hotel stapften, wurde meine Mutter trotz gründlicher Kontrolle unserer Kleiderordnung mit dem Betreten des VP-Heimes sichtlich angespannter.

Mein Vater war noch abgekämpft vom Volleyballspiel. Ich hatte ihn, aber auch meine Mutter, nie mit anderen Erwachsenen zusammen spielen oder Spaß haben gesehen. Das war zwar komisch, aber für uns beide bot ihre Entspanntheit außerhalb des Heimes eine wunderbare Zeit, in der wir uns in einer vollkommenen Freiheit fühlten.

Das Abendessen war ein riesiges Büfett, an dem wir uns zum ersten Mal auch selbst bedienen durften. Natürlich gab es dabei immer den mahnenden Blick uns nicht zu viel auf unsere Teller zu tun. Es waren so viele verschiedene Wurst- und Käsesorten, warme Suppen und Imbissangebote, die uns in Erstaunen versetzten. Getränke brachte ein Kellner auf Bestellung, die auch gleich bezahlt werden mussten. Wir freuten uns jeden Morgen auf den neuen Tag, der uns immer wieder neue Erlebnisse brachte.

Sehr früh am Morgen bemerkte ich meine Mutter, wie sie immer am Fenster stand und der aufgehenden Sonne entgegen sah. Sie schien dabei recht verträumt und so war ich neugierig und stellte mich zu ihr ans Fenster. „Was guckst du da immer?" fragte ich sie mit Erstaunen darüber, weshalb sie schon so früh am Fenster steht, während die anderen noch schlafen. Erst wollte sie mich wieder ins Bett schicken, doch dann meinte sie zu mir: „Sieh dir mal dieses Wunder an. Ist das nicht ein schöner Sonnenaufgang?" Mich verblüffte ihre Frage, weil sie sehr verträumt und voller

Faszination ausgesprochen war. Ich spürte eine sonderbare Seite, so voller Gefühl, wie ich sie sonst nie wahrgenommen habe und flüsterte ihr voller Erstaunen zu. „Wow, so schön anzusehen. Das ist ein so warmes, angenehmes Licht und sieh nur, wie die Wellen des Meeres glitzern." Ich sah mir selbst von ihrer Faszination mitgerissen dann mit ihr fast jeden Morgen dieses Wunder der Natur an und spürte in diesen zwei Wochen eine Mutter, die mir gegenüber auch Gefühle zeigte.

Der Sturmball war heruntergezogen und stand nun auf Halbmast. „Gute Schwimmer dürfen auch jetzt noch raus schwimmen," sagte mein Vater und meinte zu uns: „Ihr solltet besser nur mit den Beinen ins Wasser gehen, wenn ihr nicht von den Wellen ins offene Meer hinausgetragen werden wollt." Ich hörte nur noch mit halbem Ohr hin, ohne zu ahnen, dass mir dieser Satz schon sehr bald als bleibende Warnung im Gedächtnis bleiben würde.

Sein Satz war kaum ausgesprochen und wir rannten voller Freude ans Wasser. Mario und ich begannen mit „Eierpampe" zu spielen und bauten damit Tropfburgen am Rande des Meeres. Er hatte riesige Freude, wenn die Wellen des Meeres seine Burgen nach und nach zum Sacken brachten und sie bald nicht mehr zu sehen waren. Daraus entstand ein Spiel, wessen Burgen wohl zuerst weggeschwemmt werden würden. Doch dann wurde es mir zu langweilig und ich sagte zu ihm: „Mario, wenn du nicht mehr spielen möchtest, kannst du ja auch ins Wasser gehen, aber nur bis zur Wade. Oder du gehst zurück zum Strandkorb." Mario tat immer was ich ihm sagte und so meinte ich, ruhig ein wenig schwimmen gehen zu können.

Von der Kraft der Meereswellen überwältigt, ließ ich mich von den Wellen tragen. So schwamm ich an diesem sonnigen, etwas windigen Tag ahnungslos mit den Wellen und ich konnte hier endlich auch mal testen, wie gut ich schon das Schwimmen im Unterricht gelernt hatte. Ich war sehr zuversichtlich, denn wir waren oft am Werbellinsee und in Freibädern schwimmen. Es fühlte sich so angenehm an, den eigenen Körper von Wellen tragen zu lassen. So ungefähr muss sich auch die Schwerelosigkeit anfühlen, dachte ich so bei mir, während ich unbemerkt immer weiter hinausgetragen wurde.

Doch dann passierte genau dies, was mir mein Vater sagen wollte. Ich bin während meiner „Schwerelosigkeit" durch das von Wellen des Meeres getragen zu werden, soweit rausgetrieben und sah Mario angstvoll bis zu den Oberschenkeln tief im Wasser stehen. Ich bekam nun selbst Angst, weil ich trotz meiner großen kraftvollen Armzüge nicht wirklich näher ans Ufer kam. Irgendwie hatte ich plötzlich eine riesige Angst um Mario, der immer einen Schritt auf mich zu kam und ich ihm mittels meines Armes Zeichen gab, er möge das Wasser verlassen. Doch vergebens weder meine Rufe noch meine Handzeichen konnte er verstehen. Er schaute sehr ängstlich zurück zum Strandkorb, wo meine Mutter ganz entspannt ein Buch las und mein Vater am Netz stand, um die Bälle wegzuschießen. Ich wollte nur so schnell wie möglich zu meinen Bruder, doch ging es nicht wirklich vorwärts. Ich machte mir riesige Sorgen, denn er konnte zwar schon schwimmen, aber längst nicht so sicher, dass er sich kraftvoll fortbewegen konnte. Ich ahnte bis zu diesem Tag nicht, wie schwer es sein würde, gegen Wellen anzuschwimmen. Meine kräftigen Schwimmzüge, die mich voranbringen sollten, kamen mir so klein und unbedeutend gegen die Kraft der Wellen vor. Aber die eigene Angst um Mario zahlte sich aus und ich schaffte es, wie auch immer, wieder Boden unter den Füßen zu bekommen. Am nächsten Tag war ich noch immer sehr erschöpft und die Muskeln in den Armen und Rücken schmerzten sehr heftig, so dass es mir am nächsten Tag die Lust auf Schwimmen verdarb. Also bauten wir nun beide am Wasser eine riesige Sandburg.

Es war an diesem Tag sehr heiß und wir begannen uns gegenseitig in den Sand einzubuddeln. Am Ende schauten nur die Unterarme, der Kopf und die Füße raus. Danach versuchten wir gegen das Gewicht des Sandes auf unseren Körper zu arbeiten, um wieder selbst in den Stand zu kommen. Dieses Sandspiel machten wir danach fast täglich. Es

war ein Supergefühl, den warmen Ostseesand über den Körper rieseln zu lassen.

An einem Tag bekam ich trotz Sonnencreme
einen furchtbaren Sonnenbrand und musste
damit sogar dem Arzt vorgestellt werden.
Dieser schimpfte mit meiner Mutter, wie sie
uns so sorglos allein lassen konnte. Sie
schwieg ihn nur an und hielt mir hinterher
eine Standpauke, dass sie uns doch gesagt
hätte, dass wir uns nach jedem Schwimmen
erst mal neu eincremen sollten. Sie hatte
doch eigentlich recht damit. Gehört hatte ich
ihren mahnenden Satz, ebenso wie den meines Vaters. Aber vielleicht hörte ich eben wieder nur mit dem halben Ohr zu.

Über die Tage bemerkte ich immer irgendwie,
dass meine Eltern draußen am Wasser sehr
entspannt ihren Urlaub genossen, aber so-
bald es zum Essen in den großen Essensaal
ging, bekamen wir nur noch Sätze des besonderen Verhaltenscodex gesagt, die immer so
begannen: „Wenn wir jetzt gleich ins Haus
gehen, dann seid freundlich, haltet Erwachsenen die Tür auf und wascht euch vorher
noch die Hände." Es folgten weitere

Verhaltensregeln, dass wir am Tisch den Mund halten, beim Essen nicht schmatzen und gerade sitzen sollen. Waren wir draußen, waren wir frei in unserem Kindsein. Es war einfach schön in dieser völligen Freiheit am großen weiten Wasser und hier unten am Strand, wo das Meer, eine unendliche Weite ausstrahlte, war alles so ganz anders, wie wir es von Zuhause kannten. Unsere Eltern durften wir wenigstens zwischen den Mahlzeiten sehr entspannt erleben.

Für unsere Eltern gab es bereits am 3. Tag ein noch größeres Ereignis, dass bei ihnen eine riesige Freude auslöste und wir beinahe unseren Urlaub abbrechen bzw. unterbrechen und nach Berlin hätten fahren müssen.

Der Lottogewinn

Unser Vater hatte gern Lotto gespielt, immer war er guter Hoffnung irgendwann einmal zu gewinnen. So spielte er in diesem Urlaub einen zusätzlichen Urlaubsschein im Lotto 6 aus 49.

Am Abend hörte er im Radio die Nachrichten und am Ende wurden am Sonntag die

Lottozahlen der Woche bekanntgeben. Mario und ich wir hatten gerade viel Spaß beim Brettspiel „Mensch ärgere dich nicht" und er kreischte lautstark vor Freude, als er mich rausschmeißen konnte. Plötzlich donnerte mein Vater mit brummender Stimme: „Ruhe jetzt!" Mario schaute mich fragend an, während ich mit meinen Schultern zuckte. Als keine Erklärung kam, redeten wir einfach weiter und wieder ertönte ein „Seid endlich still!"

Dann sah er auf den Lottoschein und meinte: „Ich glaube, dass wir gewonnen haben. 5 Richtige und ich glaube sogar, dass auch die 6. Zahl richtig war." Unser Vater war ganz außer sich und ärgerte sich, weil wir nicht gleich still waren und er deshalb die letzte Zahl nicht richtig gehört hatte. Doch schnell schlug sein Ärger in Freude um, denn selbst 5 Richtige hätten eine gute Summe in die Familienkasse gespielt. So freuten sich unsere Eltern sehr und auch wir freuten uns mit ihnen, obwohl wir zu dieser Zeit keinerlei Ahnung hatten, was dies für uns bedeuten würde. Nun fragte meine Mutter sehr aufgeregt: „Was wird nun aus unserem Urlaub hier?" Wir verstanden die Frage nicht, was ein Lottogewinn für unseren Urlaub bedeuten könnte. Mein Vater erklärte meiner Mutter, dass dies bedeutet, dass sie beide nach Berlin fahren müssten, um den Lottogewinn anzumelden und die Bankformalitäten zu klären. Nun wurden wir sauer, weil die schöne Zeit, die erst gerade begonnen hatte, schon wieder zu Ende sein sollte. Unsere Gesichter verfinsterten sich, als hätten wir gerade eine Gesichtskontrolle und -säuberung mit Taschentuch hinter uns.

Mein Vater hatte aber eine Idee und sprach zu meiner Mutter: „Lieselotte ist doch zurzeit auf Ahlbeck im Urlaub. Ich könnte meine Schwester für zwei bis drei Tage hierher holen, damit sie solange auf Mario und Manuela aufpassen können, während wir nach Berlin fliegen und den Lottogewinn einlösen können." Nun strahlten auch unsere Gesichter und uns war es doch egal, ob uns Tante Lieselotte, Vatis Schwester, so lange betreut. Hauptsache, dass wir hier bleiben dürfen.

Einige Telefonate mussten geführt werden, um herauszubekommen, wo Tante Lieselotte auf Ahlbeck untergekommen ist. Das Hotel wurde ausfindig gemacht und so telefonierte er mit seiner Schwester und alles war geklärt. Unsere Tante kam zu uns ins Hotel und mein Vater wurde mit dem Hotelfahrer nach Barth zum kleinen Flughafen gefahren. Mit Tante Lieselotte war alles noch entspannter, denn sie kümmerte sich wenig, um die Kollegen meiner Mutter. Wir durften nun auch recht ungezwungen am Tisch sitzen, reden und uns vom Büfett mehrmals Nachschlag holen ohne irgendeine Zurechtweisung.

Am dritten Tag erwarteten wir drei unsere Eltern voller Spannung zurück. Dann redeten die Erwachsenen am Tisch in der anderen Ecke, während wir zu spielen hatten. Neugierig geworden, weil die Eltern sehr geheimnisvoll taten, lauschten wir und waren verdächtig still. Hören konnten wir nicht viel, wussten nur, dass sie einen riesigen Gewinn gemacht hatten. Bevor Tante Lieselotte gehen wollte, zählte mein Vater ihr über siebzig 50 Mark-Scheine vor und bedankte sich für ihren spontanen Einsatz und fügte noch hinzu: „ Dies ist eine Zuzahlung für den Kauf eines kleinen

Gebrauchtwagens für dich, damit du unsere Mama öfters besuchen kannst." Da sie in Frankfurt/Oder und somit näher an Sachsendorf bei Seelow wohnte, war es für sie eher möglich, die Oma mit einem Auto öfter zu besuchen, als wir es von Berlin aus tun können. Ich erinnere mich noch genau an ihre großen Augen als Vati einfach immer noch weiter zählte. Sie fiel ihm anschließend um den Hals vor Freude und meinte: „Hennecke, mach dir keine Sorgen um Mama und Papa, wir werden uns um sie kümmern."

Sie kauften sich sehr bald schon einen kleinen Trabant P70 als Gebrauchtwagen, aber so oft wie von meinem Vater erhofft, besuchte sie ihre Eltern auch mit Auto nicht.

So endete dieser aufregende Urlaub nach 14 Tagen und ich habe lange davon gezehrt, mit meinem kleinen Bruder eine gemeinsame Zeit mit deutlich weniger gestressten Eltern und vielen spannenden Erlebnissen am Meer verbracht zu haben.

Ford Taunus - Erstes Familienauto

Die Nachricht von unserem Lottogewinn sprach sich sehr schnell im Kollegenkreis herum und viele Kollegen meines Vaters meinten doch, dass sich jetzt zeigen würde, was für Genossen sie wirklich waren. So glaubten sie nicht, dass sie ihre Arbeit nach dem geplanten Urlaub pünktlich wieder aufnehmen und stattdessen erst mal so eine richtige Sause machen würden. Manche glaubten nicht einmal, dass sie überhaupt wieder arbeiten würden. Da kannten sie unsere Eltern schlecht, denn sie traten pünktlich ihre Arbeit nach dem Urlaub wieder an und arbeiten weiterhin an ihren Arbeitsstellen.

Nach der Arbeit war mein Vater damit beschäftigt, sich nach einem fahrbaren Untersatz umzusehen. Nur war das in der DDR gar nicht so einfach. Autos waren nur auf Bestellschein mit einer unbestimmten Wartezeit von mindestens 10 Jahren zu bekommen.

Also suchte er in Zeitungsannoncen nach Gebrauchtwagen, die auch ebenso schwer zu finden waren. Viele Schrottkarren wurden da verhökert und wer keinen Fachmann an der

Hand hatte oder selbst über Insiderkennt-
nisse verfügte, konnte beim Kauf eines Ge-
brauchten viel Geld verlieren.

Eines Tages kam mein Vater mit einem rot-
weißen Ford Taunus angefahren und wir
staunten über
ein solch gro-
ßes Auto. Ob-
wohl wir darin
alle 6 Personen
hätten   Platz
gefunden, gab

es kein einzige Autofahrt, die ich mit den
Halbbrüdern und Mario zusammen erlebt
hatte. Die beiden älteren Halbbrüder schienen eher froh zu sein, nicht mehr mitfahren
zu müssen. Genau genommen waren sie
auch schon 12 bzw. 14 Jahre und ihre Inte-
ressen waren nicht mit den Eltern zu Oma
und Opa oder mit ihnen an einem Badesee zu
fahren.

So konnten Mario und ich die hintere Sitzbank
für uns allein nutzen und jeder hatte seinen
Fensterplatz im Auto.

Singsang im Auto

Unsere Familie hatte jetzt nicht nur ein richtig großes Auto, dass allen Platz bieten würde, sondern es verfügte sogar über ein Radio, was vor allem Freude bei unserer Mutter und auch bei uns hervorrief. Auf unseren Ausflugsfahrten knipste sie immer gern das Radio an und es spielte meist der Berliner Rundfunk. Es war der gleiche Sender, der auch im Radio zu Hause eingestellt war.

Nur war dieses einzige Familienradio im Elternschlafzimmer platziert und nur selten eingeschaltet. Unseren Vater störte jede Art von Musik und erst recht im Auto. Nur die Nachrichten interessierten ihn und wenn meine Mutter das Radio mal etwas lauter eingestellt hatte und Musik ertönte, rief mein Vater ihr zu: „Mach doch endlich mal das Gedudel aus." Wenn unsere Mutter das Autoradio eingeschaltet hatte und ein bis zwei Lieder gespielt wurden, begannen Mario und ich die Schlager mit Hilfe unserer kleine Schlagertextheftchen voller Freude mitzusingen.

Unseren Vater nervte nicht nur die Musik im Radio, sondern auch unserer Gesang. Es

dauerte nicht sehr lange, bis er uns auffor-
derte mit dem Singen aufzuhören. Es störe
ihn und er kann sich gar nicht aufs Autofah-
ren konzentrieren. Das war seine Erklärung
für uns und so begannen wir leise flüsternd
für uns zu singen. Kurze Zeit später sagte er
mürrisch zu unserer Mutter: „Mach doch endlich das Radio aus." Schon trat eine eisige
Stille ein und wir schwiegen uns den Rest der
Fahrt an. Auf der Rückfahrt war alles vergessen und wir sangen nun auch ohne Musik.
Diesmal Lieder, die ich in der Schule und auch
im Wochenheim gelernt hatte. Mario lernte
schnell auch die Lieder, die ich aus der Schule
und später auch von den Maidemonstratio-
nen mitgebracht hatte. Diese Lieder ertrug
unser Vater wohl immer etwas länger und so
sangen wir halt voller Inbrunst „Immer lebe
die Sonne...", „der Volkspolizist, der es gut
mit uns meint, der bringt mich nach Hause,
er ist unser Freund...", „Der kleine Trompe-
ter" u. ä. Lieder.
Das Lied über den Volkspolizisten implizierte
mir, dass meine Mutter einen wichtigen Beruf
hatte. Da unsere noch sehr kindlichen

Singstimmen nicht besonders melodisch klangen, ertönte auch hier die etwas genervte Stimme unseres Vaters: „Nun haltet mal die Luft an, dass kann man ja nicht mehr ertragen." Wieder schwiegen wir, wie uns geheißen und überlegten, wie wir uns ohne Singsang, die Langeweile auf der Autofahrt vertreiben könnten.

Wolkenwunder entdecken

Wir hatten immer gute Ideen für einen unterhaltsamen Zeitvertreib. Nur war es leider nicht immer zumutbar für die gestressten Eltern. Wir spielten oft Ratespiele, wie „Ich sehe was, was du nicht siehst und das ist..." und suchten zunächst nach Farben und Formen im Auto. Mario ging erst in die erste Klasse, als er und ich gemeinsame Fahrten mit unseren Eltern machten. So waren diese Ratespiele oft auch Spiele zum Lernen von Farben und Formen. Irgendwann wurde es auch langweilig, weil alles, was es im Auto zu sehen gab, von uns erraten wurde. Nun wandten wir uns dem Blick nach draußen. Es war nur schwierig das Ratespiel mit Farben und Formen im fahrenden Auto weiterzuspielen. Viel zu schnell war gerade die grüne Wiese weg und nur noch ein goldgelbes Feld zu sehen.

So begannen wir Tiere zu zählen, die wir auf den Feldern entdeckten. An schönen sonnigen Tagen wandten wir uns dem Himmel zu. Wir sahen zunächst nur die Farben, blau, weiß und wenn die Regenwolken am Himmel die Sonne bedeckten, kamen sie im schmutzigen Grau daher gezogen.

Eines Tages, es zeigten sich sehr viele kleine und größere weiße Wolken auf einem wunderschönen blau strahlenden Himmel, als Mario plötzlich aufschrie: „Ela siehst du da oben, ein alter Mann mit Bart. Der sieht aus wie der Weihnachtsmann." Ich konnte ihn nicht gleich entdecken, doch er zeigte mir die Richtung und beschrieb mir das zauberhafte Wolkengebilde. Damals sah ich eben auch nur eine oval geformte Wolke, an der eine weitere Wolke hing, die in ihrer Form einen schwungvollen langen Bart an einem Kopf sichtbar werden ließ. Hinzu kam noch, dass ich sogar ein etwas grimmiges Gesicht durch die unterschiedlichen Farbschattierungen zwischen einem hellstrahlenden Weiß und dem etwas düster scheinenden Weiß der Wolke entdeckte. Ich rief voller Freude Mario zu: „Ja, ich sehe deinen Weihnachtsmann und siehst du auch, dass er sogar ein Gesicht hat?" Mario suchte eine Weile das Gesicht des Weihnachtsmann und fand es dann auch. So fanden wir ein neues gemeinsames Spiel, dass unsere Fantasie anregte, denn jeder

wollte immer zuerst ein neues Gebilde entdecken und da wir mit dem Auto oft bei schönem Wetter über Land gefahren sind, gefiel uns dieses Spiel immer mehr.

Kaum saßen wir im Auto, ging unser Blick zum Himmel und wir suchten ihn nach besonderen Wolkengebilden ab. Wir forderten uns gegenseitig auf, mit Hilfe eigener Beschreibungen unserer Fantasiegebilde, dem ande-

ren das Entdecken zu erleichtern. So schulten wir unbewusst unsere Fantasie und fanden Dinge am Himmel, die uns immer viel Freude schenkten. Damals sah ich nur den Weihnachtsmann oder auch das kleine Mädchen mit Locken und geschwungenen Flügeln auf einer Wolke, das ich als Engel zu erkennen glaubte, ohne die geringste Ahnung zu haben, dass es Engel überhaupt gibt. Ich wusste damals noch nicht, wie nah unsere Fantasien einer christlichen Deutung unserer Entdeckungen am Himmel waren. Doch weder Gott noch Engel hatten in unserer Kindheit und Jugend eine Bedeutung. Wenn wir als Kinder von Engeln erzählten, hieß es immer: „Woher habt ihr denn den Mist schon wieder?" Damit wurde wieder Klarheit in unsere Köpfe hergestellt und unsere Fantasie abrupt gestoppt.

Wie sehr uns ein tröstender Glaube an Gott oder Engel in unserer traurigen Kindheit gefehlt hatte, wurde mir erst in der Reflektion meines Aufwachsens in unserer sehr atheistischen Familie bewusst.

An diesem Wolken-Suchspiel hatte ich als Kind große Freude und erst als ich 2015 mit dem Auto nach Niedersachsen gefahren wurde, begann ich wie von selbst in den Himmel zu schauen und nach eben solchen Wolkenbildern Ausschau zu halten. Fortan hatte mich eine große Lust an diesem schönen Suchspiel erneut gepackt. Nur sehe ich heute weder den Weihnachtsmann noch kleine

Mädchen mit Locken, sondern suche in diesen Bildern, das geheimnisvolle Göttliche im Himmel.

Dann setzt ein Moment der Stille ein und ich wende mich gedanklich Jesus zu, der immer an meiner Seite war, auch wenn ich ihn nicht sehen konnte. Heute ziehen mich diese Wolkenbilder am göttlichen Himmel an und ich zücke mein Handy, um diese Eindrücke festzuhalten.

Sehr oft hält mich der Blick in den Himmel so fest, weil er mir eine wundersame innere Ruhe verleiht, die sich für mich sehr befreiend anfühlt. Diese unendliche Weite, das schöne Farbenspiel zwischen Blau und Weiß und das Suchen nach lieben Menschen, die mir verloren schienen, tauchen immer öfter in meinen

Gedanken und manchmal auch als Wolkengebilde am Himmel auf.

Meine Gedanken gehen zu meinem Vater und
seine letzten Lebenstage, unser großes
Schweigen, obwohl wir uns noch so viel zu
sagen hätten. Egal was die anderen Menschen über unsere Beziehung sagen oder
denken. Ich habe meinen Vater geliebt und
ich weiß, dass er mich auch sehr geliebt
hatte. Gerade weil dies so war, hatte ich doch
ein Recht, ihm von meinen Lasten als Kind zu
erzählen, die ich ein halbes Leben mit mir allein herumgeschleppt hatte. Dabei bekam ich
immer Schuldgefühle und glaubte für kurze

Zeit für seinen plötzlichen Tod verantwortlich gewesen zu sein. Wie Messerstiche wirkten da die Vorwürfe von mir nahe stehenden Personen, die mir in meinem Leben wichtig geworden waren. Ich bin gewiss, dass er alles getan hätte, um mir diese Erlebnisse und negativen Gefühle zu nehmen, die mich durch meine Kindheit begleitet hatten. Wenn er doch nur die geringste Ahnung gehabt hätte, er hätte es für mich getan.

Und wenn da so ein einzelnes Wölkchen einsam am blauen Himmel leicht daher schwebt, stelle ich mir vor, dass diese Wolke Mario verkörpert, der mir ein Zeichen gibt, dass sein Leben nach dem Tod so leicht geworden ist. Ich beginne mit dieser Wolke ein Gespräch und versuche mich an die schöne Zeit mit Mario, statt an die lange trostlose Zeit ohne ihn, zu erinnern. Manchmal stimmt es mich traurig, wenn mir Gedanken um meine schwierige Zeit der Reflektion gefangen nehmen und ich mir dann vorstelle, wie viel leichter es wohl mit Marios Beistand in dieser Zeit gefallen wäre. In einer Zeit, wo ich begann mein Leben auf den Kopf zu stellen, um es Stück für

Stück neu zu ordnen und so meinem Leben wieder einen sicheren festen Halt zu geben, bin ich mir sicher: „Mario du hättest mir in dieser Zeit Halt und Trost gegeben, du hättest dich mir nicht verschlossen und mein Gesicht mit deinem Lächeln erhellen können."

Seit ich dieses Wolkenspiel wieder neu für mich entdecken und aktivieren konnte, fühlt es sich oft so an, als wärest du, mein liebes Brüderchen, ganz in meiner Nähe. So lebst du nun auch in meiner Fortführung deines entdeckten Wolkensuchspiels weiter. Oft zaubern mir dabei die Gedanken an dich und unsere Spiele ein Lächeln aufs Gesicht.

Ja und das du immer schon viel Fantasie entwickeln konntest, zeigt auch die nächste Geschichte.

Die gefräßigen Hühner

An einem sonnigen Wochenende fuhren unsere Eltern mit Mario und mir, unsere Oma, die Mutter unseres Vaters, in Sachsendorf besuchen. Zu dieser Zeit hatten wir noch kein Familienauto und Mario war etwa 5 Jahre alt. Bis wir bei der Oma waren, mussten wir eine lange Fahrt mit einem Bus nach Seelow und einem weiteren Bus nach Sachsendorf auf uns nehmen. Diese Busfahrten waren nicht nur lang, sondern die Wartezeit auf den zweiten Bus dauerte Mario und mir viel zu lange. So kamen wir viel zu spät zum Mittagessen bei unserer Oma, die wir nur selten zusammen besuchten, an. Sie kochte immer für uns Spaghetti, weil wir ihre Nudeln besonders mochten. Dazu gab es eine leckere Tomatensoße.

Mario und ich wir spielten nach dem Essen draußen im Hof und als wir zum Kuchenessen reingerufen wurden, fragte meine Mutter: „Mario, wo ist denn dein Schnürsenkel?" Er schaute auf seine Schuhe und stellte fest, dass ein Schnürsenkel tatsächlich weg war. Wir beide sollten ihn draußen suchen gehen, doch gefunden hatten wir ihn nicht. Wir schauten sogar beim Hühnerstall der Nachbarin nach und fanden ihn nicht. Als wir ohne Schnürsenkel zurückkamen, begann Mario zu weinen und beschwerte sich: „Den Schnürsenkel haben vorhin die Hühner gefressen." Wir begannen zu lachen, weil er es wirklich glaubte. Denn wir sahen beide zu, als die Hühner unsere Spaghetti, die wir nicht geschafft hatten, genüsslich verspeisten. Ich meinte zur Erklärung für unsere Eltern: „Mario glaubt, dass die Hühner seinen Schnürsenkel für ein Spaghetti gehalten haben." Alles lachte, nur Mario nicht. Denn er fühlte sich ausgelacht und das mochte er genauso wenig wie ich. Aber Oma hatte eine Idee und suchte das Geschenkband aus ihrer Kiste. Sie zog es anstelle eines Schnürsenkels durch seinen Schuh und Mario fand diesen Schnürsenkel viel schöner. Er war schließlich schön blau. Als wir nach dem Kaffeetrinken uns wieder auf die Heimfahrt machten, waren wir schon müde und schliefen schnell im Bus ein. Von Sachsendorf nach Seelow dauerte es ungefähr eine halbe Stunde und ich war meist schnell eingeschlafen. Inzwischen war es dunkel geworden und ich fror an der Bushaltestelle, wo wir eine gefühlte Ewigkeit auf den Bus nach Berlin warteten. Auch hier war es wieder sehr unangenehm, geweckt zu werden. Wieder begann ich zu zittern und mein Vater nahm mich auf den Arm, was ich immer sehr genoss. So sehr ich mich auch auf den Besuch bei Oma freute, umso mehr scheute ich die Rückfahrten wegen der abendlichen Kälte, die sich durch meine Müdigkeit noch zusätzlich verstärkte.

Ich, sein größter Fan

Mario begann im Alter von 8 Jahren seine Spielernatur vom Brett- und Kartenspiel in ein aktives Sportlerdasein einzutauschen. Anfangs war ich schon enttäuscht, weil er nun begann immer öfter nach der Schule zum Training zu fahren, anstatt mit mir weiterhin am Tisch „Mensch ärgere dich nicht" oder „Schwarzer Peter" zu spielen. Er begann sein Sportlerdasein als Leichtathlet in einer Altersgruppe, die es für ihn noch nicht gab. Die Leichtathletik in seinem Sportverein begann erst mit 9 Jahren und er war somit immer der jüngste Läufer seines Teams. Am Wochenende gingen wir mit unseren Eltern zu seinen Wettkämpfen, um ihn anzufeuern und Mut zu machen. Mit 8 Jahren einen 400m-Lauf in einer Altersgruppe mitzulaufen, in der alle Läufer mindestens ein Jahr älter waren als Mario war schon hart für ihn. Mario kämpfte und lief seinen Lauf jedes Mal zu Ende, obwohl einer nach dem anderen an ihm vorbeizog und er fast immer mit großem Abstand zum vorletzten Läufer ins Ziel gelaufen kam.

Ich stand immer unten einige Meter vor der Ziellinie und rief ihm lautstark zu: „Los Mario du schaffst das." Und dann nur noch: „Mario, Mario, Mario…" Er verzog keine Miene während er lief und hatte nur das Erreichen der Ziellinie vor Augen. Er schien aber öfter enttäuscht, immer wieder nur als Letzter durch das Ziel laufen zu müssen. Wir bestärkten ihn aber immer wieder, dass er doch noch viel jünger sei, als die anderen Läufer. Doch ein Aufgeben gab es beim Sport für ihn nie.

Vielleicht tat er mir deshalb oft bei den Brett- und Kartenspielen so leid, denn da konnte er überhaupt nicht verlieren. Er begann immer gleich zu weinen, wenn ich am Gewinnen war. Also begann ich aufs Gewinnen zu verzichten, um ihn öfter gewinnen zu lassen. Etwa zwei Jahre später verlor er die Lust am Laufen und entdeckte seine Liebe fürs Schwimmen.

Vom Freischwimmer zum Goldsammler

Mario war schon sehr oft mit mir im Friesenstadion im Freibad. Ein langes 50-Meter-Becken mit Schwimmerbahnen nutzten wir oft, um gemeinsam um die Wette zu schwimmen. Das Schwimmen haben wir beide in der 1. Klasse im Schwimmunterricht erlernt und ich war froh, dass ich in diesem 2. Schulhalbjahr Schwimmunterricht statt Sportunterricht hatte. Ich lernte schnell und gut schwimmen und so wurde uns beiden schon in der ersten Klasse der Freischwimmer bescheinigt.

Dies bedeutete auch, dass wir als Hortkinder an den Badetagen auch ins Schwimmerbecken duften. Wir konnten uns dort frei bewegen, hingegen viele Mitschüler in der ersten und auch in der zweiten Klasse nur im Nichtschwimmerbecken baden durften. Mario und ich waren im Sommer oft zusammen im Friesenstadion im Freibad, dass sich im Volkspark Friedrichshain befand. Mario konnte sich vollkommen entspannt auf das Wasser legen und einen „Toten Mann" vortäuschen. Ich wollte dies auch können und er zeigte mir, wie das ging. Ich brauchte einige

Übungstage, um keinen Muskel anzuspannen und das Vertrauen, dass mich das Wasser tragen würde. Mario meinte: „Mensch Ela du brauchst keine Angst zu haben. Fett schwimmt immer oben, dass weißt du doch", ich fragte nur: „Woher soll ich dies wissen?" Mario gab zurück: „Na denke mal an den Kohltopf im Essenraum der Schule. Das fette Fleisch schwimmt doch immer an der Oberfläche." Dabei hatte ich erst etwas später bemerkt, was er da gerade zu mir gesagt hatte. „Ich bin also fett?" Er lachte nur und ich nahm ihm nicht einmal das übel. Niemand anderes hätte so etwas zu mir sagen dürfen. Ich wäre tief getroffen und hätte mich zurückgezogen. Mein kleiner Bruder durfte das.

Ich erinnere mich noch sehr gut daran, wie wir in unserer Badebekleidung das Bad verlassen durften. Um sichtbar zu machen, dass wir bereits unseren Eintritt bezahlt hatten, bekamen wir einen wasserlöslichen Stempelaufdruck auf unseren Handrücken, der uns ein kostenloses Wiedereintreten ermöglichte. Meist bekamen wir für unsere Tagesverpflegung jeder eine Mark. Wir kauften davon eine

Limo, die wir uns teilten und liefen etwa 200 Meter zum nahegelegenen Bäcker, um uns ein ganzes warmes Mischbrot zu kaufen. Wir aßen dieses noch warme Brot mit großen Appetit und waren danach wirklich gesättigt.

Als Mario mit knapp 10 Jahren von der Leichtathletik zum Schwimmsport wechselte, dauerte es nicht mehr lange und Mario besiegte mich beim Wettschwimmen um mehrere Armlängen. Er war mit 8 Jahren schon ein sehr guter Schwimmer und wurde im Schwimmunterricht von Trainern des TSC-Berlin Sportvereins, die nach Talenten für den Leistungssport auf der Suche waren, entdeckt.

Er bekam einen Zettel für die Eltern mit, dass sie Mario für eine Schwimmförderung im Leistungssport vorgesehen haben und bitten um Einverständnis. Mario war sofort begeistert, dreimal Training in der Woche reizte ihn schon sehr. Er wurde immer schneller und lernte nun mehrere Schwimmarten, wie Rückenschwimmen und auch das Schmetterlingsschwimmen. Es wurde später zu seiner Königsdispziplin. Die Trainer waren

begeistert von seiner speziellen Schwimm-
technik und so wollten sie ihn unbedingt auf
den Besuch der Kinder- und Jugendsportschule vorbereiten. Er liebte das Wettkampf-
Schwimmen und war bei den vielen Wettkämpfen des TSC oft Sieger. Viele Medaillen
und auch einige Pokale hatte er sich erkämpft
und seine Trainer waren sehr zufrieden.
Nur eines bemängelten sie an ihm. Er konnte
sich nicht für das Trockenschwimmen begeis-
tern und verweigerte diesen Teil des Trai-
nings. Er sah nicht ein, wieso er solche alber-
nen Übungen neben dem Schwimmbecken
machen soll, wo er doch gut genug war. Niemand konnte ihm davon schwimmen und die
Trainer hätten ihn sehr gern als Kader für das
Leistungsschwimmen gehabt. Nur sahen sie
seine Verweigerung am Trockenschwimmen
als mangelnde Disziplin an, was für den Leistungssport ein absolutes Tabu war. Mario
hatte eine ausgezeichnete Technik beim
Schwimmen, hielt viele Rekorde des Vereins
und beherrschte viele Schwimmdisziplinen,
der Olympiaklassen. Der Besuch der Kinder-
und Jugendsportschule war sein großes Ziel

und er hätte alles dafür getan, was nötig gewesen wäre. Nur eines nicht: Das Trockenschwimmen. Die Trainer führten viele Gespräche mit ihm, doch er sah es einfach nicht ein und kam sich komisch vor, im Trockenen herum zu hampeln. Da man Mario unbedingt weiter fördern wollte, kam der Trainer sogar zu uns nach Hause und führte erst ein Gespräch mit unserem Vater allein und dann holten sie Mario hinzu. Der Trainer verließ unsere Wohnung und Mario redete noch lange mit meinem Vater, der ihn dazu bewegen wollte, über seinen Schatten zu springen. Doch Mario blieb hart und hoffte darauf, dass man ihm das auf Grund seiner enormen Leistungsfähigkeit nachsehen würde. Als er etwa 13 Jahre alt war, kam dann der Brief mit der Absage seines Besuches an der KJS. Er weinte bitterlich und war enttäuscht. Doch es führte kein Weg zum Trockenschwimmen und so durfte er nur noch kurze Zeit im Verein verbleiben und musste schließlich gehen. Da er nun wieder ohne Sportverein war, versuchte er in einer Betriebssportgemeinschaft sein Schwimmen fortzusetzen, doch schon sehr bald beendete er dort sein Training. Er kam eines Tages nach Hause und hatte sich so sehr aufgeregt: „Ela, das ist ja ein halber Rentnerverein. Die planschen da nur im Wasser herum. Das ist doch kein Schwimmen."

Es begann eine kurze sportlose Zeit bis eines Tages meine Mutter von der Arbeit kam und zu Mario sagte: „Ich kenne einen Kollegen, der eine Fußballmannschaft beim SC Dynamo trainiert. Hast du Lust zum Fußballspielen?" Mario war auch dafür bereit und beide Eltern freuten sich über sein Sportlerdasein. Nur ich nicht. Denn Sport bedeutete ja immer viel Training nach der Schule und Trainingslager in den Ferien.

Des Öfteren gingen wir zu viert ins Stadion zu seinen Freundschaftsspielen und ich sah meinen Vater aufblühen, wenn er Mario beim Spiel zuschauen konnte. Mario hat meinen Eltern immer eine Freude bereitet, wenn er im Sport so talentiert alles ausprobierte. Ob er dies auch für sich getan hat? Ich kann es leider nicht mehr in Erfahrung bringen, weil unsere gemeinsame Zeit des Geschwisterdaseins nur ganze 10 Jahre andauerte.

Bodyguard Ela

Nochmal ein zeitlicher Sprung zurück ins Jahr 1974. Ich war gerade in der 7. Klasse und Mario in der 3. Klasse. Wir beide gingen an dieselbe Schule und sahen uns oft nur zu den Hofpausen und im Essenraum der Schule. Bevor ich diese Erinnerung, die mir damals etwas peinlich war, erzähle, muss ich einen kleinen Abstecher machen.

Ich hatte auf Grund meiner Prägungen und meines eigenen Lebenscriptes nie Freunde, die mir zur Seite standen und den großen Bruder, der mich und meinen kleinen Bruder beschützen würde, gab es nur in meinem Traum. Eines Tages, ich saß bereits im Essenraum und beobachtete wie Mario von einem Mitschüler meiner Klasse, er war also deutlich älter als mein kleiner Bruder, bedrängt und gereizt wurde. Mario versuchte sich der Auseinandersetzung zu entziehen, nahm schnell seinen Teller Suppe und zwei Scheiben Brot und setzte sich in die Nähe des Lehrertisches, um sein Mittag essen zu können. Ich war fertig mit Essen und ging auf den Hof. Die beiden Jungen aus meiner Klasse waren auch fertig mit dem Essen und es schien so, als würden die beiden Jungen an der Treppe zum Hof auf ihn warten. Als Mario zum Hof heraus kam, klammerte sich Gerd, so hieß mein Mitschüler, an Marios Jacke fest und zog ihn die Treppe hinunter. Mario wurde wütend und drehte sich um die eigene Achse, so dass er sich freidrehen konnte und weglief. Gerd rannte ihm hinterher und ergriff Mario erneut. Jetzt rannte ich auf die beiden zu und sprang wie vom Teufel besessen, auf Gerd seinen Rücken und verprügelte ihn mit meinen Fäusten solange bis er Mario losgelassen hatte. In der Zwischenzeit versammelten sich viele Schüler um uns herum und mir wurde just in diesem Moment bewusst, wie das wohl ausgesehen haben muss. Einige aus meiner Klasse lachten, aber dies schien mir egal zu sein und ich hielt Gerd dann eine Standpauke: „Du schämst dich wohl gar nicht, einen 4 Jahre jüngeren Schüler derart hart anzupacken und ihn zu verprügeln. Was werden wohl deine Eltern dazu sagen?" Gerd wohnte nämlich auch am Leninplatz in unserem Aufgang. Mario hatte sich in der Zwischenzeit zurückgezogen, vermutlich war ihm in diesem Moment alles zu peinlich. Ich weiß es nicht, aber vergessen habe ich diesen einen Ausflug ins Leben eines Bodyguard nicht. Ich wollte ihn nur beschützen und so verlor ich halt die Beherrschung. Über diesen Auftritt wunderten sich einige aus meiner Klasse. So hatten sie mich in den vielen Jahren nicht einmal erlebt. Mein Auftritt hatte aber einen bleibenden Eindruck bei Gerd hinterlassen, der mir seitdem immer respektvoll begegnet ist.

Volkspark Friedrichshain

Ein Anziehungsmagnet für Groß und Klein war diese große Parkanlage. Besonders an den gesetzlichen Feiertagen, wie dem 1. Mai und dem 7. Oktober. Das Pressefest des Neuen Deutschlands wurde immer in dieser großen Parkanlage ausgiebig gefeiert. Auf dem Langenbeckplatz, einer großflächig angelegte Rasenfläche, hielten die verschiedenen bewaffneten Organe viel Wissen und Vorführungen aus der Arbeit der Deutschen Volkspolizei, der Feuerwehr und dem Dienst- und Gebrauchshundedienst für Groß und

Klein bereit. Ich war immer bei den Hunden und deren Vorführungen zu finden. Mario liebte es, die verschiedenen Fahrzeuge der Nationalen Volksarmee von innen anzusehen. Er interessierte sich für die technischen Daten und stieg auch in die recht kleine Luke eines Panzerfahrzeuges.

Aber am Liebsten spielten wir beide am großen Bunkerberg verstecken. Ich musste ihn immer lange suchen und fand ihn nicht. Oft bekam ich Angst und rief nach ihm, wenn ich ihn nicht gleich fand. Er reagierte nicht und ich rief ein letztes Mal: „Wenn du jetzt nicht kommst, dann gehe ich nach Hause." Er rief zurück: „Nur noch einmal suchen." Ich blieb stehen und wusste, dass er gleich kommen würde. Als ich sah, dass er aus dem Inneren des Bunkers geklettert war, schimpfte ich mit ihm. Denn überall waren Warnschilder angebracht, dass ein Betreten des Bunkerinneren verboten war und die Eltern für ihre Kinder haften würden. Da ich damals zwar lesen konnte, aber nicht wirklich verstand, was das bedeutet, fragte ich meinen Vater. Er erklärte mir, dass die Eltern für alles verantwortlich seien, was ihre Kinder tun würden und wenn sogar Schilder angebracht sind, dann ist es ganz wichtig, dem Folge zu leisten, sonst würde die Polizei unsere Eltern verhaften. Wow, dass wäre schlimm, dachte ich bei mir und achtete sehr auf meinen kleinen Bruder, dass er nichts Verbotenes anstellt. Am meisten gefiel uns auch der Schwanenteich, wo wir immer unsere nicht aufgegessenen Schulbrote an die Enten verfütterten.

An schönen sonnigen Tagen war der Friedrichshain ein prima Ausflugsziel, wo selbst

unsere Eltern sonntags in gut gepflegter Kleidung einen Spaziergang mit der Familie wagten. Hier waren wir allerdings nicht so frei und mussten immer auf unsere saubere Kleidung achten. Also ein Toben und Spielen war da nicht angesagt. Ein einziges Bild fand ich später in einem großen Wäschesack voller Familienfotos, auf dem wir Geschwisterkinder zu viert abgebildet waren.

Ansonsten gibt es nur Fotos, wo entweder Peter und Paul oder Mario und ich zusammen fotografiert wurden. Es war schon sehr bezeichnend für unser ganzes Aufwachsen einer nicht so guten Patchworkfamilie. Als ich dazu mal meine Mutter befragte, meinte sie nur: „Das hat doch gar nichts zu bedeuten." „Nee," antwortete ich entschieden zurück: „Das bedeutet sehr wohl etwas und du selbst weisst es auch." Ich war wütend, weil sie immer alles ignorierte, wenn meine Empfindungen den ihren Vorstellungen entgegen standen. In ihrer aufgestauten Wut über mein Infragestellen schmetterte sie mir entgegen: „Du hattest doch nie mit Peter oder Paul zusammengespielt und wärest nie mit den beiden mitgegangen." Ich war entrüstet darüber, dass sie sich über unser Geschwisterdasein sehr bewusst war und ich fragte mich, ob eine Mutter nicht alles für ein gutes Geschwisterleben in einer Familie tun müsste. Ich wollte nicht mehr weiter diskutieren, denn ich wusste, es führt zu nichts, was mir hätte weitergeholfen.

Es schien mich als Kind nicht sonderlich zu interessieren, da ich viel zu lange an meinem Traum vom großen Bruder festhielt und irgendwann begreifen musste, dass es diesen großen Bruder, nie für mich geben würde.

So wurde ich halt glücklicherweise mit 4 Jahren die leibliche Schwester für Mario. Jetzt war ich halt die große Schwester für meinen geliebten Bruder Mario und ich war es mit großer Begeisterung und Fürsorge. Ich las ihm Geschichten vor, erzählte ihm Märchen, tröstete ihn, als er weinend im Gipsbett lag und sah ihm alles nach, weil er mein kleiner Bruder war. Er bedeutete mir alles und ich war froh, dass es wenigstens ihn für mich gab.

Winter im Volkspark

Zu dieser Jahreszeit war dieser Park belebt an allen kleinen und großen Hügeln. So gab es dafür auch von den Kindern verschiedene Namen. Da gab es die Südkurve, ein Weg, der sich mit einer scharfen Kurve in Richtung Schwanenteich hinunterschlängelte. Mario und ich bekamen zu Weihnachten Eisgleiter geschenkt, mit denen wir wunderbar auf festgefahrenem Schnee, aber auch auf gefrorenem Eis herumschlittern konnten. Ich wagte es aber nie, mit meinen Eisgleitern diese Südkurve hinunter zu fahren. Mario kannte keine Skrupel und musste immer alles ausprobieren. Ich fühlte mich verantwortlich für alles, was er tat oder ihm passierte. So blieb ich vorsichtshalber am unteren Ende stehen, um ihn rechtzeitig stoppen zu können, falls er nicht rechtzeitig zum Stehen kam. Ich hatte immer Angst, dass auch er mal in den Schwanenteich einbrechen würde, so wie ich mit meinen 5 Jahren, als mich mein Halbbruder Peter auf einer Parkbank setzte, die auf dem gefrorenen Teich stand, um mich über diesen zu schieben. In Ufernähe knackte es plötzlich und die Bank sackte in das kalte Wasser und ich rutschte mit einem Bein hinterher. Es war sehr kalt und ich sollte noch nicht nach Hause, weil meine Hose erst trocknen musste, damit Peter nicht wieder Ärger bekommt. Ich begann noch zu zittern und mir wurde kalt, aber diese Hose trocknete natürlich nicht. Das Ergebnis war eine satte Lungenentzündung.

Die Todesbahn
Das beste Highlight war aber die Todesbahn. So nannten die Kinder die langgestreckte steile Abfahrt vom kleinen Bunkerberg. Hier haben Mario und ich schon so manchen Schlitten zu Bruch gefahren. Zweimal passierte ein Zusammenstoß, weil zwei Schlitten gleichzeitig losgefahren sind und zwei größere Jungen von hinten auf uns aufgefahren

sind. Todesbahn hieß dieser Berg wohl auch, weil dort oft schwere Winterunfälle passierten. Aber sie war und blieb ein großer Magnet für viele Familien. Wie gern hätte ich auch mal eine Schlittenfahrt mit meinen Eltern gemacht oder eine Schneeballschlacht, wie so viele andere Eltern es mit ihren Kindern taten. Doch dafür hatten sie keine Zeit.

Im Sommer hatten wir auf der Todesbahn oft unserem Spaß am Wettrennen. Dazu muss man wissen, dass dieser langgezogene Berg in seinem ersten Drittel sehr steil bergab ging, wo die Füße Mühe hatten, dem zunehmenden Tempo, dass uns das starke Gefälle bescherte, stand zu halten. Ich bin dann oft gefallen oder kullerte einfach nur noch den Berg hinunter bis ich mir eine besondere Technik aneignete. Die Todesbahn war etwa 4 Meter breit und zu beiden Seiten durch einen aufgeschütteten Erdwall begrenzt. Diese kleine Steigung nutzte ich für ein Abbremsen meiner Geschwindigkeit, um danach wieder Fahrt aufzunehmen. Ein riesigen Spaß hatten wir damit.

Geschwisterdasein endet unerwartet

Ich sehe heute viel öfter meinen geliebten Bruder Mario in Träumen oder in meinen Wölkchen am Himmel und beginne mit ihm leise zu reden.

Dann wird es mir schwer ums Herz und es wird mir bewusst, wie kurz doch unser gemeinsames Leben, welches erst richtig begann als auch er mit 6 Jahren endlich aus dem Wochenheim in die Schule und somit in unserer Familie angekommen ist. So hatten wir genau genommen nur ganze 10 Jahre für unser gemeinsames Geschwisterdasein, das mit seinem plötzlichen Unfalltod abrupt zu Ende war.

Ich war an diesem schrecklichen Tag, dem 17.12.1980 in der elterlichen Wohnung, weil ich eine Auszeit von der Arbeit und meiner zerrüttenden Ehe brauchte, als Mario zu mir sagte: „Ela ich kann dich mit dem Moped auch nach Hause fahren, wenn du magst." Ich lehnte sein Angebot ab, da ich noch nie auf einem Moped gefahren bin und Angst davor hatte. Er verabschiedete sich von mir und fuhr mit dem Moped des Freundes los, um es wieder bei ihm zu Hause abzustellen. Etwa zwei Stunden später klingelte es an der Wohnungstür meiner Eltern und ich öffnete. Es standen zwei Polizisten vor der Tür und fragten nach meinen Eltern. Ich zuckte zusammen und meinte: „Meine Eltern arbeiten beide. Was ist denn passiert?" Sie antworteten mir nicht und einer fragte: „Darf ich fragen, wer sie sind?" Ich sagte, dass ich die Tochter bin und mir wurde plötzlich übel. Der eine Polizist bat mich, sie einzulassen, um meine Eltern anrufen zu können. Ich nannte ihm die Telefonnummer meines Vaters und hörte ihn sagen: „Ihr Sohn Mario hatte einen schweren Verkehrsunfall und ist in die Rettungsstelle des Krankenhauses im Friedrichshain gebracht worden. Bitte melden Sie sich dort so schnell es ihnen möglich ist."

Jetzt lief mir ein ganzer Film von Bildern ab und der Gedanke, wenn ich doch bloß mitgefahren wäre. Mir wurde übel und mein Herz schien sich zusammenzuziehen und es war ein Gefühl völliger Leere. Ich setzte mich endlich und mir wurde ein Glas Wasser gereicht.

Ich plagte mich noch sehr lange mit Schuldgefühlen herum, weil ich mich von ihm nicht erst nach Hause bringen lassen habe. Ich hätte an der Zeit einiges verändern können. Der Lkw wäre längst weg gewesen und der Unfall hätte vermieden werden können.

Doch was half jetzt alles grübeln darum, was wäre wenn. In der Rettungsstelle angekommen, erfuhren mein Vater und ich, dass er in der Rettungsstelle noch lebend ankam, dann aber seinen schweren Verletzungen erlegen war.

Tot, tot, mein kleiner Bruder war tot!

Er war tot und ich verlor meinen einzigen Bruder, der mich immer mit seinem Lächeln aufheitern konnte. Wenn er nicht zugegen war, fühlte ich sehr schnell diese Einsamkeit in mir. Ich verdrängte den schrecklichen Gedanken daran, was der Tod eines Menschen wohl bedeuten würde. In meiner Kindheit als ich ungefähr 8 Jahre alt war, fragte ich meinen Vater: „Vati, was passiert eigentlich mit einem Menschen, wenn er tot ist und wie fühlt sich das dann an?" Ich bekam eine ungenügende, aber für mein Alter, war diese Antwort wohl erst einmal ausreichend: „Mäuschen, wenn du erst einmal 70 Jahre alt bist und deine Glieder schmerzen, du alt und nicht mehr gesund bist, dann bist du müde und sehnst dich nach dem Tod. Es ist dir nicht mehr wichtig, was mit deinem Körper geschieht." Dies war nicht die Antwort, die ich hören wollte, aber ich dachte bis ich 70 Jahre alt bin, ist es noch so lange hin und da muss ich mir heute keine Gedanken drüber machen, was mit meinem Fühlen, meinem Denken und meinem Körper passieren wird.

12 Jahre später kamen mit Marios plötzlichen Tod alle Fragen wieder ins Bewusstsein zurück. Er wurde sogar von der Gerichtsmedizin obduziert. Keiner hatte eine Ahnung wieso. Meinem Vater sagte man, dass es bei Unfällen immer eine Obduktion gäbe. Grausame Gedanken, die in mir aufkamen und niemand war da, mit dem ich hätte meine Trauer verarbeiten können.

Mario, wo bist du?

Als ich 2015 nach meiner Lebenskrise alle bisherigen Menschen meines Berliner Umfeldes aufgegeben habe, um nun meinen Weg in ein neues Land fernab jeglicher Fremdbestimmung gehen wollte, liefen so viele Bilder aus der Vergangenheit wieder ab. Ich fragte mich oft, ob mich Mario hätte verstehen können. Ob Mario mich in meiner Verletztheit und meinem Schmerz im Herzen hätte trösten können?

Er wäre mir in dieser schweren Zeit bestimmt nahe gewesen und wir hätten uns gemeinsam an die schönen Zeiten erinnern können. Plötzlich kam verdammt viel Traurigkeit hoch, die es mir schwer machte, positiv zu denken. Ich begann wieder zu schreiben, um Schmerz und unbearbeitete Trauer zu verarbeiten. So entstand zwei Monate nach dem ich bei Gerd ein warmes und empathisches Zuhause fand, einen Brief an meinen Bruder Mario. Mit Gerds Hilfe lernte ich mit der Trauer besser umzugehen. Ich begann mich mit dem Leben danach zu beschäftigen und die Gedanken von Gerd, dass Mario doch noch immer leben würde. „Er lebt weiter in deinem Herzen." Seine Aufgabe sei es wohl jetzt, mich vom Himmel aus im Auge zu haben, um mich von dort beschützen und mir so weiterhin nahe sein zu können. Diese Gedanken gefielen mir und ich hielt sie fest.

Ich wollte ihm doch noch so vieles sagen, ihm erzählen, wie es mir jetzt ging. Er sollte wissen, dass es mir gut geht und ich bemerkte, wie wenig er von den ganzen Veränderungen in dieser neuen Welt wusste. Er wollte Berufsoffizier der NVA werden und musste aber zunächst eine Lehre beginnen, weil er eben noch keine 18 Jahre alt war.

Aber Berufsoffizier konnte er ja dann nicht mehr werden. Wer weiß, wo es ihn in diesem diktatorischen System hätte als Berufsoffizier hin verschlagen.

Ich wollte an dieser Stelle nicht mehr weiterdenken, denn es tat weh, furchtbar weh. Ich machte mir Gedanken, wo Mario jetzt ist und ob Gott ihn zu sich geholt hat. Ich hoffe es sehr, denn ich möchte ihn eines Tages wiedersehen dürfen. Er konnte doch genau wie ich nicht wissen, dass es doch einen Gott gibt und dass er uns so viel Gutes hätte sagen wollen.

Brief an Mario

Im Februar 2015, zwei Monate nach dem ich bei Gerd ein Zuhause und durch ihn auch den Weg in die Kirche, zum Pastor und letztlich zum Glauben an Gott fand, schrieb ich einen Brief an Mario.

Mein liebes Brüderchen Mario,

ich schreibe dir heute diesen Brief in der großen Hoffnung, dass du ihn doch irgendwie lesen kannst. Dass ich ihn erst nach so vielen Jahren schreiben kann, hat damit zu tun, dass ich bisher glaubte, dass der Tod eines lieben Menschen so unumstößlich ist. Wenn ein Mensch gestorben ist, ist er für immer verloren und man kann mit ihm nie wieder in Kontakt treten.
Doch inzwischen ist einiges mit meinem Glauben vollkommen durcheinandergeraten, mein liebes Brüderchen. Ich beginne gerade alles in Frage zu stellen, woran ich und auch du bisher geglaubt hatten. Ich träumte seltsame Dinge von Menschen, die verstorben sind und manche reden in meinen Träumen mit mir.

So auch die verstorbene Freundin Heike meines Freundes Gerd, der inzwischen mein Lebenspartner und mir sehr wichtig geworden ist. In diesem Traum besuchten wir das Grab seiner Heike. Es befand sich auf genau der Blumenwiese, die mir Gerd für mein erstes Buch gegeben hatte. Ich wusste bis dahin gar nicht, dass es genau die Blumenwiese war, die er vor dem Friedhof von Heike fotografiert hatte.

Mario, es klingt sicher sehr seltsam für dich, aber ich habe im Traum eine wirkliche Stimme gehört, sie klang zart und leise, aber sie war für mich wirklich hörbar. Erst hörte ich sie mit Gerd reden, sie meinte zu ihm, dass sie immer bei ihm sei und ihn von Herzen alles Glück dieser Welt wünsche. Dann aber wandte sie sich direkt an mich und ihre Stimme sagte zu mir: „Pass gut auf meinen Gerd auf und werdet beide glücklich." Das machte mich zum einen sehr berührt, weil ich es als ihre Zusage zu unserer besonderen Verbindung nahm. Zum anderen geriet mein bisheriger Glaube immer mehr ins Wanken und es tauchten viele Fragen und Zweifel auf. Tote können doch nicht reden, aber wieso höre ich dann ihre Stimmen in meinem Traum? Gibt es doch ein Leben nach dem Tod? Können liebe Menschen, die gestorben sind, Kontakt aufnehmen zu uns Lebenden? Was ist, wenn es Gott doch gibt? Warum glauben dann so viele Menschen nicht daran? Eigentlich weiß ich doch so gar nichts über diesen Glauben?

Nun wächst aber meine Hoffnung, dass du meine Worte, die ich dir in diesem Brief schreibe, vielleicht doch lesen kannst. Du bist so früh und sehr plötzlich aus meinem Leben getreten, wo ich dir doch so viel zu berichten habe. Es ist so viel, dass ich gar nicht weiß, wo ich anfangen soll.

Es fällt mir so unendlich schwer, weil mir momentan so vieles vor meinem inneren Auge abläuft und so präsent geworden ist, als wärst du erst gestern von mir gegangen.

Mario, ich vermisse dich so sehr. Seit du fortgegangen bist und ich vom Arzt in der Rettungsstelle mit Vati erfuhr, dass du den Unfall nicht überlebt hast, zerbrach mein Herz und ich konnte doch keine Träne laufen lassen. Ich musste jetzt stark für Vati und Mutti sein, die so sehr traurig waren, dass sie dich, ihren jüngsten Sohn verloren haben. Dann warst du

unwiederbringlich für dein Schwesterchen
und das tat so weh. Ich weinte tränenlos leise
heimlich in meinem Bett und zeigte meine Tränen niemanden. Wer sollte mich denn jetzt
trösten? Meine erste Ehe mit Erhard stand
kurz vor der Scheidung, als dein schrecklicher
Unfall passierte. Beides sind Verluste, die ich
zeitgleich in diesem schrecklichen Jahr 1980
erfahren musste. Zwei Verluste, die mir es un-
möglich machten, ohne einen Tröster, ohne je-
manden an meiner Seite zu wissen, der mit mir
meine Trauer teilen würde.
Mario, glaube mir, es tut mir so unendlich leid,
dass ich nicht mitgefahren bin, als du mich
fragtest, ob du mich noch nach Hause fahren
sollst. Immer wieder kreisten nur diese Gedanken in meinem Kopf, was wäre, wenn ....
Aber darauf gibt es wohl keine endgültige Antwort. Sicher vielleicht wärst du dann später an
die Stelle gekommen und der LKW wäre längst
weg gewesen, aber was wäre dann? Keiner
weiß darauf eine Antwort und ich lerne damit
umzugehen. Es bringt mir auch nichts, darüber zu grübeln und mir ständig diese Schuldgefühle aufzuladen. Es ist nichts, aber auch
gar nichts davon zurück zu drehen.

[83]

Ich denke sehr oft an unsere schöne Zeit, die wir miteinander hatten, wie ich dir immer gern aus dem Märchenbuch „Das Schloss an den goldenen Ketten" vorgelesen habe, wie wir immer Karten miteinander spielten und ich dich so oft gewinnen ließ, nur weil du so schrecklich weintest, wenn du verloren hattest. Wie wir gemeinsam an der Ostsee Volleyball mit Vati spielten und ich von den Wellen rausgetrieben bin und es nur ganz schwer wieder zurück zu dir schaffte. Du warst gerade mal 6 Jahre alt und hattest es bemerkt. Ich sah dir deine Angst an, die du um mich hattest. Dies gab mir wohl auch die nötige Kraft gegen die starken Wellen anzugehen. So schaffte ich es dank dir, wieder zum Ufer zu gelangen.

Und stell dir mal vor, was ich gestern erlebte. Ich erzählte Gerd von unserem Skatspiel mit dem toten Otto, weil uns der dritte Spieler fehlte. Er musste lächeln, holte sein Laptop aus seiner Tasche vor und zeigte mir ein Computerkartenspiel. Stell dir vor, dass Spiel ist ein Skatspiel, wo du sogar allein mit zwei fiktiven Personen, und jetzt kommt`s, sie heißen Emma und Otto, spielen kannst. Es macht viel Spaß und ich erinnere mich so immer wieder

an unsere vielen Skatabende zu zweit mit dem
von dir erfundenen „toten Otto".

Nach dem meine Ehe mit Erhard gescheitert
ist und ich im März 1981 geschieden wurde,
lernte ich Lutz meinen 2. Ehemann kennen. Ich
wurde gleich 1982 schwanger und verlor dann
im 4 Monat meine Zwillinge bei einer Fehlge-
burt. Ich war zutiefst betrübt, aber doch zuversichtlich, weil ich wusste, dass ich doch
schwanger werden kann. Es dauerte dann
doch weitere 7 Jahre bis ich deine Nichte 1989
gebar, genau in der Nacht als die Mauer, der
sogenannte antifaschistische Schutzwall, fiel.
Du kannst dir sicher vorstellen, dass ich über-
glücklich war, nun endlich ein Kind geboren
hatte. Ein süßes kleines Mädchen, dass zudem
auch rund um gesund war. Sie heißt Sandra
und ist mein Leben. Sie hat mit großem Lernei-
fer ihr Abi und neben ihrer beruflichen Tätig-
keit in der IT-Branche im Fernstudium ihren
Bachelor mit Bravour bestanden.

Sie hat sie einen zukunftsorientierten Beruf,
der auch ihr Hobby ist und lebt mit einem
Freund zusammen. Doch nach 32 Jahren zerbrach auch meine 2. Ehe.

Ich erlitt einen Zusammenbruch als mein Leben für die Arbeit und für meine Familie in einer ständigen gefühlten Einsamkeit ausgebrannt war und ich mich einer langjährigen Odyssee zwischen Ärzten und Therapeuten unterzog und so begann, alles neu zu hinterfragen. Ich erkannte, dass ich immer nur sehr angepasst gelebt hatte und immer nur für Andere da sein wollte und darüber mein eigenes ICH-SEIN längst verloren hatte. Ich wusste plötzlich nicht mehr, wer ICH war. Aber andersrum gesehen, fehlte mir von je her, das nötige Selbstvertrauen und es wuchsen in mir die Glaubenssätze, wie „Ich bin unwichtig" oder „Ich genüge nicht" und meine Antreiber „Ich muss es allen recht machen" und „Ich will perfekt sein" trieben mich in das Burnout.

Ich lernte Gerd kennen und spürte sofort eine enge Seelenverwandtschaft und glaube nun mit ihm glücklich zu werden. Es gibt noch so viel zu erzählen, aber das soll es erst mal gewesen sein. Ich möchte endlich frei sein und mich als Frau wahrgenommen fühlen dürfen. Deshalb verlasse ich in Kürze Berlin und ziehe zu Gerd nach Wienhausen, das in dem wunderschönen Niedersachsen liegt. Ach ja, du weißt ja nicht, dass dieses Bundesland im Westen Deutschlands liegt und das Deutschland nun seit 1990 endlich wiedervereint ist.

Bitte liebes Brüderchen lass mich irgendwie wissen und wenn es auch noch so kleines Zeichen von dir ist, dass dich meine Worte und Gedanken, meine Zweifel erreicht haben. Ich bin immer noch so sehr am Zweifeln, aber es wäre so schön, wenn dieser Glaube auf einer wahren Grundlage beruhen würde. Es würde mir so viel bedeuten und mir neue Sicherheit für ein neues Leben geben können. Ich liebe dich so sehr und hoffe, dass es dir, wo immer du auch bist, gut geht und du dort viele Freunde gefunden hast. „Ich bin klein, mein Herz ist rein, soll niemand drin wohnen als Ela allein". Ich habe diesen Poesiealbumeintrag nie vergessen, obwohl ich schon sehr traurig und wütend bin, dass ich dieses Poesiealbum von einer Lehrerin Frau Rehberg nicht wiederbekommen habe. Jetzt wohnst du in meinem Herzen, mein lieber kleiner Bruder.

Dein Schwesterchen

Ela

Bildteil

Schwanenteich im Volkspark Friedrichshain

Mario´s Jugendweihe 1978

Jugendweihe 1978 mit Familie:
Großvater m. 2.Frau Margit, Mario, Vati und Ela

Mario mit seiner Abschlussklasse (Mario hinten li.)

Mario auf meiner
Hochzeit 1979

Gerd, ich und unsere Liebe

Meine bisherigen Bücher

Meine bisherigen Bücher aus dieser Reihe „Seelenwärmer":

Manuela Keilholz ist im Juni 1960 im Berliner Ostteil geboren und aufgewachsen. Sie wuchs in ihren ersten Lebensjahren nicht in ihrer Familie auf, sondern war bis zum Schuleintritt immer nur ein Wochenend-Zu-Hause-Kind und wurde in einer DDR-Wochenkrippe bzw. Wochenkinderheim im sozialistischen Sinne erzogen. Danach kam sie in ihre Familie, in der nicht Wärme, Liebe und Umsorgung warteten, sondern Befehlston, Kälte und sexueller Missbrauch. So wurde aus einem eingeschüchterten und Heimweh habenden Mädchen, ein Kind, welches irgendwann überlegte, wo es Zuhause ist. In ihren Ferien erlebte sie all die Dinge, die es in ihrer Familie nicht gab. So fand sie hier Wärme, Liebe und Zuneigung, aber auch Toilettenpapier als Miniausgabe des Neuen Deutschlands, Einkaufen mit dem Handwagen, Bezahlen von Beuteln ohne Kenntnis des Inhaltes, Pilze am Waldboden und Hexenhäusern zwischen hohen Bäumen. Am Ende der Ferien drohte die Heimfahrt nach Berlin und sie freute sich, dass sie zwei Sachen mitnehmen konnte. Die Erinnerung an die Zeit mit Tante Käthe und Onkel Erich und das perfekte Sprechen in dem hier üblichen Dialekt der Oberlausitz. Wenn Sie jetzt schon neugierig geworden sind, dürfen Sie dieses Buch und die vier weiteren Bücher aus der Buchreihe Seelenwärmer nicht verpassen.

Weitere Bücher von mir:

 Manuela Keilholz hat ihre Autobiografie komplett überarbeitet, weil die Reflektion all dessen, was sie erlebt hat, immer wieder weitere veränderte Ansichten hervorruft. Es ist deshalb unter dem neuen Titel: "Die DDR, meine Familie und ich" erschienen und ist nun nicht ausschließlich auf das Erleben einer Diktatur ausgerichtet, sondern es enthält neue Kapitel zu den familiären Auseinandersetzungen, dem Aufbau einer Selbsthilfegruppe "Stasikinder" und dem Rückzug in ein neues Land, wo sie mit ihrer Vergangenheit ein neues Leben mit neuen Freunden beginnt und eine neue wahre Liebe erfährt. Der Leser kann erfahren, wie sie heute lebt und was ihr wichtig ist.

Durch die vielen Lesungen über ihr Erleben in der DDR und als Stasikind kommen durch Fragen der Zuhörer immer wieder neue Gesichtspunkte hinzu, manchmal fallen ihr heute bestimmte Aussagen über ihre damaligen Ansichten schwer, weil sie inzwischen einen großen Abstand dazu genommen hat. So ist es ihr heute wichtig, ihre Neuorientierung und die heutigen Denkweisen dem Leser deutlich zu machen. So kommentiert sie im neuen Buch manche dieser Textstellen, um dem Leser ihre Selbstreflexion deutlicher werden zu lassen. Was und wie fühle ich mich, bei der einen oder anderen früher getätigten Ansicht, wenn ich heute darüber lese?

Natürlich wird auch viel Neues über ihr heutiges Leben, in einem neuen Land mit neuen Freunden und einer wahren neuen Liebe zu erfahren sein.

Auf Grund der großen Nachfrage habe ich dieses Buch noch einmal veröffentlicht. Ich wurde 1960 geboren und bin in einem sehr linientreuen Elternhaus aufgewachsen. Im Alter von 2 bis 7 Jahren wurde ich in einem Wochenheim in Ostberlin betreut und somit von frühester Kindheit an, sehr sozialistisch erzogen. Ich beendete die 10. Klasse der POS mit sehr gutem Abschluss und erlernte den Beruf: Facharbeiterin für Fernschreibverkehr. Obwohl ich eigentlich Kindererzieherin werden wollte, folgte ich brav den Wünschen meiner Eltern und wechselte in den Staatsdienst der DDR. So wurde ich Zivilbeschäftigte bei der Kriminalpolizei. Nach zwei gescheiterten Ehen, dem Wegfall der innerdeutschen Grenze und der Arbeitsstelle war ich psychisch am Boden. Es begann eine Psychotherapie und mit ihr die Reflektion meines Lebens. Dieses Buch ist die erste Version (2015) meiner Biografie. Die Folgeversion ist die, die Sie auf der Seite 101 finden.

Mehr über mich und meine weiteren Bücher gibt es
im Internet auf meiner Homepage
www.manuelakeilholz.de.
Ich freue mich auch immer über einen
Gästebucheintrag auf meiner Homepage.

Ein Dankeschön an meinen Lebenspartner Gerd für die Erstellung des Buches. Mehr über ihn und seine Bücher finden Sie auf seiner Homepage www.gerdkeil.de.

[96]